JN419035

초벌그림 論

윤영미 제2시집

2023년 제10회 스토리문학상 수상

초벌그림 論

윤영미 제2시집

문학공원

시집을 내며

어디가 시작이고 어디가 끝인지
스스로를 묶어내는 부끄러운 고백이다
이제 이 모든 시들이 세상에 나아가 섞이어
춥고 어두운 거리를 떠돌며
나의 미숙함과 더불어
시가 미쳐서 사랑이 되어야 한다

세상에는 눈에 보이지 않는
소중한 것들이 많다
그 보이지 않는 소중한 것들을 바라보지 못하며
또 느껴보지 못하며 살아가고 있어
오늘도 어쩌면 나는 시를 쓰고 있는지 모른다

그것들을 바라보고 느껴보고 감사하고
그것들을 사랑하고 싶어서…

이제 두 번째 시집이
세상 밖으로 나간다
시는 먼 데서 세상을 울리고
또 매질해야 한다
너덜너덜해진 알량한 자존심을 붙잡고

조불 째째한 우리들의 세상살이
좁은 문학마을을 과감히 탈출하여
우리의 현실을 담아내야 한다

그리고 죄 된 모습들 산 자들만이 걸치는
상처도 이제 감사하며
누더기옷 속에 감추어진 투명한 알몸
투명성의 그 아름다움을 위해
질척거리면서라도 더욱 투명해져야 한다

아무것도 그냥 사라지지 않는다
무언가 버릴 것이 있다는 것은 좋은 일이다

2023년 가을 포코노 깊은 산속 서재에서

청솔 윤 영 미

차 례

1부

진주를 안은 조개

2부

열쇠論

차 례

3부

가을 풍경 앞에서

4부

어머니의 세월

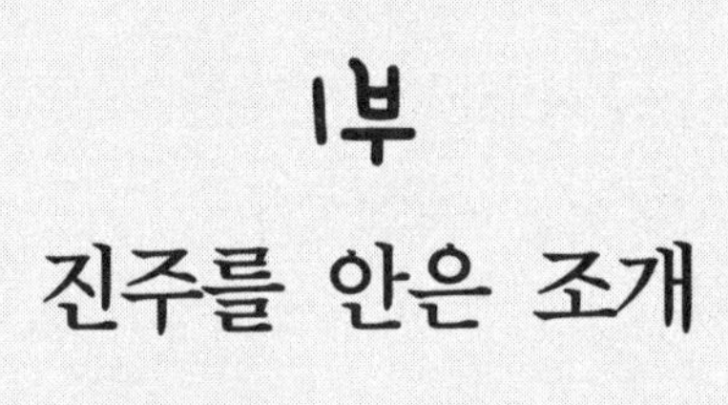

1부

진주를 안은 조개

진주를 안은 조개

유튜브를 보니
동남아시아 사람이 조개에서
진주알을 잔뜩 꺼내고 있다

저게 정말인지 반신반의하며
꺼내지는 진주알을 바라보자니
저런 행운은 내게 왜 안 올까 서운하기도 하다

조개는 진주를 품에 안고
쓰린 눈물 순간마다 삼키며
길고 긴 날을 참고 살아왔으리

바다 깊은 곳에서
보이지 않는 하늘빛을 그리며
모래알 한 톨 몸속에 들어가

살을 도려낼 듯 가슴을 찌를 때
넘실거리는 파도 소리는 귀에 쟁쟁했겠지
모래알 꺼내려고 몸부림쳤겠지

온몸 저려오는 고통을 견디며
물속 깊이 울음을 삼켰겠지
그리하여 영롱한 진주를 품게 됐겠지

지난 30여 년 동안 가슴앓이하며 품었던
시 61편을 진주알처럼 꺼내 세상에 내놓는다
나의 시는 누구의 가슴에 진주목걸이로 채워질까

연어의 독백

고향이라는 말은 내게 금지어였습니다
어머니는 말은 내게 삭제되었습니다
큰물에서 놀아야 한다는 말은
내게 지느러미를 달아주었습니다

지금도 내 몸에는 고향의 피가 흐르고 있습니다
삶이란 견딜 수 없는 물살을 견뎌내
거슬러 올라가야 한다는 것

초록 강 입구에서 상류까지는
그리 멀지 않은 시간입니다
하찮게 보이던 것들은 모두 지느러미가 있습니다
욕망의 크기가 바다의 크기가 아니듯
드디어 연어는 고향으로 회귀하였습니다

어디선가 피비린내가 납니다
강물에서 미세한 파동이 일어납니다
부풀어 오른 하얀 배를 보여주는 연어

왜 나뭇잎들은 강 아래로 흘러 내려가는 것일까요

흐름을 멈추는 강은 없듯이
죽음을 멈추지 않는 연어는 없습니다

강물은 흐르면서 연어들을 가르칩니다
때로 영감은 체험보다 위대하다는 것을
강물 위로 저녁노을이 지고 있습니다

모닥불을 피우면서

어느 겨울날 아침
낙엽쓰레기를 태우다가 모닥불을 피운다

따뜻하게 데워주며 후덕하게
숲의 냄새를 풍겨주는 모닥불
불에 타들어 가는 나무는 거친 기억들 저편으로는
하얀 거품을 문 뜨거운 진물이 흘러내린다
뼛속에 숨겨놓았던 어둠마저 다 드러낼 때
불은 천천히 타오르기 시작하며
그리움까지 활활 태운다

나무토막이라는 것은 모두다
한꺼번에 집어넣고 욕망을 태워보지만
그 무엇 하나 혼자서는 태울 수 없는 것들

오만의 욕망들이 들끓고 있는 시간
무게만큼 견디다 못해 사그라져 가는 것들
그렇게 떨며 서성여온 우리들의 생의 시간들
떨며 서성여온 삶의 무게만큼
자리를 지키며 인고를 우려내는

묵직한 통나무 한 토막
아득한 그리움으로 숲향을 우려내며
허물기 힘든 생의 마지막을
한 줌 재로 삭히며 떠나고 있다

한 그루의 나무가 점점 타들며
원점으로 돌아가고 있다

오늘에게 사과드리며

오늘님
당신은 내게 선물로 오셨는데
나는 당신의 이름을 잊었군요
하루 종일 서성서성 허둥대다
어느새 자정이 되었습니다

미래는 내 몫이 아닌 줄 압니다
오늘 열심히 살아야 미래가 있다는 것도 압니다
미래는 내가 간섭할 일은 더더욱 아닌 줄 압니다
그래서 오늘에게 더욱 미안합니다

생애에 보지 못하는 꽃이 있고
생애에 만나지 못할 꽃도 있고
생애에 함께 눈 마주치지 못할 꽃도 있겠지만
그 꽃은 미래에 사는 꽃이 아니라
오늘 열심히 살아야 피는 꽃이라는 걸
오늘을 허황되이 보내고 반성합니다

그냥 오늘님을 사랑해야
미래라는 당신의 아들이 태어난다는 것을

그렇지 않으면
내일은 내 것이 아닐 수도 있음을
이제야 깨닫습니다
오늘님, 당신을 푸대접해서
정말로 미안합니다

청소부 아저씨

새벽길을 쓸고 있는 아저씨
허스름한 옷차림
고향 아저씨를 만난 듯 안도감이 생긴다
별이 내리는 거리에 서서
그는 무엇을 볼까

거리를 깨끗하게 해주는 청소부
성자가 된 청소부란 말이 어렴풋이 생각난다

담배꽁초와 과자 껍질과 껌을 뱉으며
사람들은 쉴새 없이 버리고 또 버린다
알면서도 잠재우지 못하는 습관
참으로 부끄러운 일이다

누군가 버리면 누군가는 치워야 한다는 진리를
수만수천 번 가르쳐도 학습하지 못하는 사회
사회는 개인의 쓰레기통인가

채워도 채워지지 않는 그 무엇
오늘도 쉬지 못한 채 마음속 깊은 곳까지도

이기심에 녹슬은 너와 나

쓰레기 널려진 길 위에 뒹구는
우리들의 허접한 양심들

손닿지 않는 곳까지
마음속 헤아리지 못하는 곳까지
부끄럽지 않게 말끔히 쓸어주어

썩은 몸뚱이 상한 영혼들 잠든 새벽
우직한 아저씨는 이 새벽어둠을 깨고 있다
환한 아침 꽃을 피우고 있다

다리미질을 하면서

오랜만에 다리미질을 한다
와이셔츠를 다리고
치마를 다리고
바지를 다린다

옷이야 다리미로 다리면 펴진다지만
구겨진 마음은 무엇으로 펼까
꽃으로 펴고
선물로 펴려 하지만
여전히 구겨진 인상

서로 마음 편히 살도록 도와주면
마음이 구겨질 것까지 없지 않을까

구겨져서 펴야 하는 오늘이라면
마음 다리미 하나 마련하자
마음 다리미 속에 물을 넣고
스팀을 팍팍 쏘면서
웃음 가득한 삶을 살아보자

도무지 이해할 수 없는
구겨진 공간들
말끔하고 반듯하게 펴놓자

다려놓은 블라우스를 입어보며
밝게 웃는다
순간 구겨진 마음이 밝게 펴진다

꽃병의 꽃

꽃병 속에 꽃을 꽂는 것은
꽃을 꺾는 자들이 있기 때문
꽃을 파는 사람들은
꽃을 꽃으로 보지 않는다
꽃을 돈으로 보는 사람들
꽃이 시들면 십 달러짜리가 일 달러짜리가 된 듯
벌레 씹은 얼굴이 된다

소경이 부르는 노래를 듣고 싶다
산 것들을 살게 하지 못하고 꺾는 사람들
물에 잠긴 꽃들이 썩어가고 있다
매일 아침 물을 갈아 주며
이 시절의 아픔을 보며 마음이 저려 온다

물병 속에 갇혀 썩어가는 줄기는
보이지 않은 채
꽃은 환하게 피어 웃고 있다

매일매일 신문에는 가슴 철렁거리는 뉴스뿐이지만
잠시 가슴 아파할 뿐

다시 잊어버리는 망각 증세

우리 모두는 꽃병 위에서 환하게 피어 있는 꽃처럼
하루하루를 즐기며 살아가지만
꽃병 속에 갇혀 있는 우리의 양심 때문에
이 시대의 꽃들은 저렇게 썩어간다

뿌리박고서 생명을 다하지 못한 채
누군가에 의해 병 속에 웃음을 띠고
피어 있는 우리는 무엇을 기뻐하는가

이방인

사슴은 시냇물을 사모한다
물오리는 하늘을 사모한다
쑥부쟁이꽃은 바람을 사모한다

그렇게 내 가슴에도
정체 모를 그리움 하나가 있다
조국이라는 그리움

밥을 먹어도 쉬 배가 고파지듯이
쉽게 허전한 가슴에 떠오르는 모습
조국이란 낱말이다

내가 항상 발랄하게 뛰놀며
상큼한 웃음을 함께 했던 곳
내 유년의 파란 가을 하늘

가을바람에 살랑거리며
코스모스 길이 보이던 곳
이 아침 더욱 선명하게 보이는구나

나는 수십 년을 살아도
이 나라에서는 이방인
대한민국이여, 너는 내 사랑이다

독백

혼자 있는 시간이 많아질수록
혼자 말하는 습관이 배어든다

혼자 있는 시간이 많아질수록
혼자 노는 것을 배워나간다

이 알 수 없는 배고픔과 허기짐은
어디서 오는 것일까

따가운 햇볕에 말려서라도
마음의 심지를 세울 수 있다면

깨어진 유리 조각 하나도
다시 보이는 오늘

젊은 날의 무거운 땀방울을 씻으며
숨 가쁘게 달려온 길이 있었다

작은 돌멩이 하나
소리 없이 스쳐 지나간 바람 한 줄기

무심코 흘려버린 나의 독백
단어 하나 말 한마디에도 책임이 있다

장독대

눈을 감으면 떠오르는
고향 집 뒤곁의 장독대

수십 년을 살아온 길
허탈하게 서서 나이를 세고 있겠지

어머니 세월의 체취를 이젠 볼 수가 없다
그 언저리에 아련한 아픔이 서려 있는 장독대

나를 부르며 오늘도 서성이고 계실
어머니 음성이 어디에선가 들려오는데

한 생을 명주실처럼 풀어서
눈물로 달려오신 그 길에

그리움이라는 이름을 몇 개 서서 남아 있는
간[鹽]의 자국들이여!

어머니의 훈장인 장독대
간장처럼 짠 눈물이 난다

비옥한 어둠

캄캄한 방에 들어가 있었다
스위치가 어디 있는지 가늠하기 어렵다
어둠이 너무 넓다
내 한 몸 불사른다 해도
저 구석까지 밝힐 수는 없다

어차피 남게 마련인 여백의 그림자
차라리 비추인 내 몸 근처
어둠이 너무 넓다
그곳이 나의 뜰인 것을
불타는 빛인 것을

어둠은 새싹을 키우고
어둠은 열매를 키우며
어둠은 쉼터를 제공해
성공을 키운다
어둠이라는 저 비옥한 토양

낮에 켜진 가로등

분명 가로등 불빛이었다
대낮인데도 가로등이 켜져 있었다
햇빛 속에 비추인 가로등
그런 불빛엔 아무런 의미가 없다
자신의 몸은 뜨거워졌을지라도
나에겐 아무런 소용이 없다

내가 어둠 속에 앉아 무서워서
떨고 있을 때였다면
내게 비추인 가로등 불빛은 잊지 못할
영롱한 빛이었을 것을

조용히 고개 숙여
나의 부끄러운 시간들을 비추어 보자
환한 대낮에 의미 없이 켜고 서서
전기나 소모하는 불빛

소크라테스는 낮에도 어둡다며
등불을 켜고 거리를 다녔다는데
한 번을 켜지더라도 어두워져 가는 이 시대에

어두워서 떨고 있는 그늘진 곳에 켜져서
소망의 빛을 비추는
그런 빛이 어디 있을까

왕소금 한 줌

- 〈시조〉

우적우적 저항의 소리 날뛸 때마다
왕소금 한 줌 한 줌 움켜쥐고 뿌리고 싶다
삶이란 굴레의 발효, 욕심을 절여놓는다

물 한 모금 꿀꺽

한 사나이 마음 안에 노을이 지고 있다
사나이가 숨겨놓은 별천지 밤하늘은
어디로 사라져 간 것일까

지켜보는 것만으로도 가슴 벅찼던
사나이의 가깝고도 먼 별의 고향
오늘따라 멀게만 느껴진다

물 한 모금 꿀꺽
또 한 번 발걸음을 세우며 뛰어본다

아주 작은 울림의 소리에도 귀를 기울이며
치열한 고민을 해야 하는 생존의 길에서
사나이의 눈은 쉬지 못한 채
겨울나무 가지 끝에 매달려 있다

나의 시

뜨거운 살냄새가 가슴을 치민다
스스로 할퀸 상처 구박이다
부끄러운 고백이다
뛰어넘어야 할 것은 나의 이기심이다

서로에게 잠긴 빗장을 풀게 해야 할 일
속내가 따습도록 보아주어야 할 일이다
경직된 숨통을 열어 주는 빛이 되어야 한다

끝내는
무대 위에 남겨준 미련마저도
태워야 하는 나의 시

빈자리

너는 언제나
내 의식의 지층을 흔들고 있다

너는 언제나
내 의식의 뿌리를 뽑으려 든다

너는 언제나
내 의식의 기둥을 무너뜨리려 한다

너는 결국 떠나고
나는 홀로 남겨졌다

잡을 수 없는
바람으로 머물고 있다

진리라는 너
미소로 기다려 본다

2부

열쇠論

열쇠論

무엇을 열려고 했는지 정신이 없다
그러나 분명한 것은
내 손에 열쇠 하나가 들려있다
이것이 왜 들려 있는지 모르겠다
이 열쇠를 왜 들고 있어야 하는지
열쇠는 말이 없다

무엇인가 열어야 했었던 모양인데
그 무엇이 열려야 했었는데
그런데 그 무엇이 지금 생각나지 않는다
열려야 할 것들은 더 이상 열리지 않는다
아직도 내 손에 들려 있는 열쇠

무슨 이유로 잠글 일이 생겼을까
또 무엇을 열어야 한단 말인가
때로 맞지 않는 열쇠를 가지고 서성일 때
안타깝다

이 열쇠 꾸러미처럼 이어져 온
내 욕심과 이기주의로 나를 잠가 놓았더라면
이제 풀어야 할 때가 온 것은 아닌가!

오랜만에 가벼워지고 싶다
열쇠 꾸러미를 던지고 싶다
내 허욕을 던지고 싶다

전신주論

차라리 고문이다
뿌리도 없다
홀로 서 있어야만 한다
죽어서조차 누울 수 없다

화목이 된다면 활활 타 버리겠다
그때까지 만이라도 이렇게 서 있어야지

나를 이처럼 버티게 하는 것이
나는 한사코 거부하지 않았느냐
나는 이제 생명이 아니다

뿌리가 잘려 나간 만큼
잘 다듬어져 가꾸어진 만큼
꼿꼿하게 서 있으라는 것이냐

뼛속 깊이 허기진 바람 소리와
서 있어야 할 만큼의 무게로 서서
나는 오늘도 끈질기게 버티어 보리라

두엄論

나는 스스로 무너지고 있다
나는 스스로 썩어가고 있다

내가 이처럼 썩어갈 줄이야
몇 년 동안 내가 썩어갈 줄이야

그때는 이유도 없이 뜨거웠었지
그때는 온통 하루가 뜨거웠었지

뜨거워서 냄새 때문에
이제 흙이 된단다

내 생각의 지렁이들이 꿈틀댄다
나는 자식들의 거름이 된단다

선약論

선약이 있었는데
나도 모르는 사이에 또다시 약속을 잡았다

어찌해야 할까
앞에 한 약속은 정다운 분이고
뒤에 약속은 중요한 분이다

그러나 선약을 취소할 수는 없다
선약이 취소된다면
그 사람은 그만큼 실없는 사람
지금 당장 돈이 왔다갔다 하고
지금 당장 명예가 왔다갔다 할 지라도
선약은 지켜야 한다

정다운 사람과 중요한 사람의 경중은
결코 저울로 달 수 없는 법
선약은 기본 에티켓
누구에게나 만난다는 것은
유치하고 시시한 것만은 아니지

약속은 모두 같다
크고 작은 약속도 없고
중요하고 덜 중요한 약속도 없다
드라마처럼 다가오는 내일을 꿈꾼다면
선약을 지켜야만 한다

쓰레기통論

온 세상에 지저분한 것은 다 긁어모아 담아야 한다
썩는 냄새가 난다 해도 그건 내 길이니까
가장 추한 것을 담아내는 일은 가장 아름다운 일

후미진 골목길에 버려진 쓰레기들
그 냄새와 방황 몰래 버려진 쓰레기더미들
악취 나는 길을 멀리 돌아가는 사람들
냄새 나는 쓰레기는 쓰레기통에 담아 치울 수 있지만
인간쓰레기는 치울 수가 없다

밤새 떨어진 나뭇잎들은 거름이 되지만
인간쓰레기들은 무엇으로도 감출 수 없다

인간의 흉허물을 하나씩 채우며
청결한 세상을 꿈꾸는 쓰레기통의 꿈

잠시 낡은 쓰레기통을 바라본다
그간 무심히 버렸던 시기와 버릇
날카롭던 언어는 무엇으로 주워 담을 것인가

초벌그림論

몸이 펄펄 끓었어 일주일 내내 독감에 시달렸었어 바닷물에 버려졌다가 백사장에 건져 오른 시신처럼 나는 퉁퉁 불어있었어

아득한 날을 기다리며 치르는 이 욕망의 끝은 어디일까 첫 번째 리허설로 시작되었다면 나의 것은 어느 막에 와 있을까

인생은 초벌 그림이다 완성작 없는 밑그림이다 완성작이 될 수는 없는, 이제 수정할 수도 없는 나의 그림

연습 한 번 않고 무대 위에 오른 배우처럼
서툴기만 한 나의 연기는 너무 힘들다
그래도 나는 내 그림을 포기할 수 없다

뿌리論

한 번도 밖으로 나가본 적이 없다
그것은 가지와 이파리들의 행운이다
내게 남겨진 몫은 어둠이다
무겁다 왜 이리 무거운가
소리쳐도 들리지 않는 울림

한 번쯤 밝을 세상을 보기는 해야겠는데
나가기는 해야 했는데
내리누르는 내 몸의 무게여
이것이 명분이라면
그래 뿌리를 더 내려야겠다

밝은 날 한 번 보지 못한다 해도
허망하다고 하지 말자
이것이 서로 사는 명분이 아니겠는가

연모論

아무에게도 말하지 않고서
숨소리조차 내지 않으면서

산에서는 나무가 자라고 있다
산에서 풀이 자라고 있다

아무에게도 말하지 않으면서
숨소리조차 내지 않으면서

내 속에서 그리움이 자라고 있다
눈물의 나무가 자라고 있다

나무의 열매가 열리고
내 마음의 열매, 시가 열리고

거미줄論

거미줄 함부로 걷어치우지 마라
얼굴에 좀 걸린다고 함부로 걷어치우지 마라
그것은 거미의 직장이다
거미는 하늘에 그물을 펼치고
날아다니는 물고기를 잡는다

생명줄 함부로 건드리지 마라
진정한 승자는 패배를 딛고 일어서는 거야
바람도 어쩌지 못하는 거미줄
함부로 무너뜨리지 마라

거미의 희망이고 빛이고 생명줄이니까
그런데 내 머리에 친 하얀 거미줄
나는 흰머리로 시의 덫을 놓아
요지경 세상을 포획한다

신발論

길가에 신발 한 무더기 버려져 있다
버릴 때가 되어서 버린 것이라면
나는 아무 말 않겠다

너무나 멀쩡하게 생긴 신발
뒤축도 닳지 않은 신발이
버젓이 버려져 있다

나는 누구에게 저처럼 버려졌을까
우리에게도 그동안의 세월이 있었다
기억조차 없이 던져진 한 켤레의 인연

나는 그동안 새 신발처럼 사랑하던 사람을
무의식중에 헌신짝처럼 버린 건 아닐까
내가 버려진 것보도 내가 버렸을까 무섭다

폐차장論

폐차장을 지나다 문득 보았다
서로 높이 쌓여진 차 사이에
해부된 차들
바퀴 빠진 차들이
해체와 골격 사이를 달리고 있다

갈피갈피 저민 사연들이 널브러져 있는 곳
불행이 아니다
다시 운행할 수 없는 녹슨 나날들을 생각하며
달리고 달리었던 긴 여행길을 끝내고
풀벌레 소리가 너무 고마운 시간들

나도 이제 폐차의 수순을 밟고 있다
그렁그렁 목소리가 쇠고
가끔씩 무릎 허리가 고장 나는 나
그러나 모든 폐차에는 달려온 이력이 있다
내 주행 게이지가 눈을 감는 날

차량은 분해되어도 부속은 남는다
나는 어떤 사람에게 부속품으로 쓰여질까

촛불論 · 1

어둠 속에서 풀리지 않는 얘기로
불면증이 된 사람이 있다면
그대와 함께 내 시간을 태우고 싶다

간밤에 흐느끼던 마음으로
가슴앓이하는 사람 있다면
그리움을 녹여 주고 싶다

나의 뜨거운 눈물을 만져보라
온몸 녹이며 흘리는
하얀 피눈물 얘기를 그대여 들어 보라

녹아져 형체가 빛으로 사라진다 해도
그대 어둠에 빛이라도 될 수만 있다면

온몸 녹아 사라져 갈 운명일지라도
기뻐 나부끼며 나, 그대 위해 빛 밝히겠네

촛불論 · 2

탁 성냥을 그어대자마자
어느덧 방안 가득히
희미한 빛으로 일어서는 너

여린 몸 녹이며
가녀린 심지 세우고
세상을 밝히는 너의 모습

소리 없는 뜨거운 눈물 흘리며
어두운 세상에 빛을 발하는 그대
나도 그런 사랑을 하고 싶다

작고 가녀린 나의 몸이지만
춤추듯 살아 오르는 촛불을 닮아
힘든 세상에 빛이 되고 싶다

허망한 얘기는 이제 잊어버리자
오직 환하게 비춰야 한다는 일념으로
제몸을 사르는 촛불이여

가녀린 너를 바라보고 있노라면
나는 너에게 저절로 두 손이 모아진다

사랑의 주님이시어
오늘도 원만하게 하소서

어두운 방에 앉아 너를 바라본다
지금껏 살아온 내 삶이 부끄럽다
나로 하여 내 이웃이 평안하게 하소서

모래알論

백사장에서 모래를 한 움큼 집어 들었다
주먹 사이로 사르르 빠져나가는 모래알
손바닥을 펴보니 몇 알 묻어 있고 다 사라졌다

모래알은 땅이 어머니였다
모래알은 바위가 형님이었다
모래알은 바다가 조상이었다

작은 모래알이라고 얕보지 마라
모래의 나이는 지구의 나이
오십억 살이다

내 죽어서도 한 줌 흙이 된다지만
실은 모래알만도 못한
한 줌 재가 되는 것

나는 모래알처럼 이방인의 바닷가에 밀려와 산다
남은 목숨 서로 부둥켜안고 사는 한민족
가슴에 이는 시퍼런 삶의 출렁임

이왕에 여기까지 온 바에야
파도에 쓸리고 쓸려 온몸 부서져도
파도처럼 하얀 꽃을 피우리라

걸레論

오래 써 너덜너덜 헤진 걸레를 본다
너는 원래 깨끗한 타올이었지
얼굴을 씻고 여인의 몸을 감추어주던 너

어쩌다 그리되었니
비굴해도 좋다
구석구석 깨끗해진다면
잊혀진 여인처럼 한 구석에
쳐박혀 있어도 좋다

오욕과 오염으로 더럽혀진
이 처소를 다시 닦아낼 수만 있다면
빨랫방망이로 실컷 두들겨 맞아도 좋다
그리하여 구정물이나 뿜어내도 좋다

인간이 살아 있는 날까지
깨끗한 세상이 오는 그날까지
좀 더럽게 살아도 좋다

그런데 마음을 닦는 걸레는 없을까

3부

가을 풍경 앞에서

숲길

이른 아침 숲길을 걷는다
무성한 나무 사이로 들꽃이 피고
풀벌레들이 우는 숲길을 걷는다

오솔길에 새겨진
어머니의 검정 고무신 발자국
질경이 풀꽃 속에 어린
당신의 손길은 아직도 남아 있는데
흐드러지게 피어 있는 꽃들의
함성은 여전히 우렁찬데
어머니, 당신은 어디 가셨나요

넘실대는 숲의 파도 소리는
이 숲 저 숲에서 들리는데
어머니 음성은 귀에 손을 대도 안 들린다

8월의 산길은 깊고도 푸르러서
그리움의 깊이도 깊고도 푸르러서
안개 자욱한 숲길에
마음의 안개는 더욱 뿌옇다

얼음꽃

알래스카의 만년설
빙하 속에서도 꽃은 핀다

누가 나의 꿈을 깰 수 있으랴
누가 나의 전설을 지울 수 있으랴
이 몸 깨어져 진홍빛으로 꽃이 되리라
억장이 뚫리는 소리
얼음산이 녹아 굽이굽이 흐르는 소리
누가 내 언 가슴에 꽃을 피우랴

질경이의 노래

사람들이 밟고 간 자리를 헤집고 나온다
두 팔 버리고 가슴 쫙 펴고
하늘을 향한 모습이 눈물겹다

바라보기 차마 아까워 걸음을 멈춘다
역사의 한 토막도
저 가냘픈 풀잎 위에서 시작되었다

두 발이 있어도 서지 못하고
두 귀가 있어도 듣지 못하고
코가 있어도 냄새 못 맡는
우리 모두는 질긴 삶을 살아야 한다

거칠고 황폐한 땅
짓밟히고 억눌린 땅을
그렇듯 덮고 있는 푸른 잎새여

질긴 이민자의 노래여
약초가 되는 한인의 노래여

청솔

임마누엘 수양관에 있는
사철 푸른 청솔 한 그루를 본다
구름 낀 하늘을 쓸고 있는 소나무 한 그루

희망도 꿈도 소원도 푸른 것일까
파란 하늘이 되고 싶을까
저 먼 하늘 끝까지 가고 싶은 걸까

오늘을 색칠하고 내일을 그리며
부끄럽지 않은 시간의 향기를 피우리
억만년을 헤아리는 푸르름이 되리

비록 재목은 못 될 지라도
푸른 숲을 이루는 잡목이 되어
가슴 가슴에 이 푸르름 새겨 놓으리

가을 풍경 앞에서

비명까지 묘사하려 들지 말자
가을은 표현도 긴장도 모두 공허하게 만들고 있다
생명이 고려되지 않은 표현은 없다

삶이 묻어난 가을 풍경 앞에서
삶이 느껴지는 따스한 눈이 보이는 날이다

미숙하지만
아무런 느낌도 눈도 없는 시보다는
눈을 떠가는 생명이 있는 시를 쓰고 싶다

묘사할 수 없는 부분까지 보듬어 껴안아 주며
낮은 곳까지 살피는 눈을 떠야겠다

생명의 눈을 바라보자
그리고 호흡 조절에 어색하지 말자
가을바람 소리에 귀를 기울여본다
흠집이 좀 있으면 어떤가
열매가 없으면 어떤가

낙엽이 된다 한들 나는
철저하게 추운 겨울로 가리라
모든 것이 쉴 수 있는
겨울방학이 되리라

자유란 상처를 껴안는 일이니까

들꽃 앞에서

뒷마당에 흐드러지게 피어 있는
내 작은 새끼손톱만 한 들꽃들을
그냥 지나칠 수 없었다

노트와 펜을 들고 그들 앞에
조용히 앉아 말을 건네려는 순간
들꽃들은 나를 바라보고 있었다

아주 낮은 자세로 살아오지 못했던
지난날의 내 모습이 아니었던가

부끄러운 마음에 시 한 편을 쓰지 못하고
돌아서며 들꽃에게 말했다

부탁하노니
네가 나에게 시 한 편을 써주지 않으련…

고마운 가을바람

한 번 지나간 바람은
다시 되돌아오지 않는다
그러나 새바람은
언제나 그렇게 불어온다

지나가면 안 올 것 같은 바람
그래도 바람을 참고 견디는 건
스치면서 영글어지기 때문이다

어느 계절이어도 불어오는 바람이지만
가을에 부는 바람은
겨울을 준비하기 때문에
더욱 고맙다

200년 묶은 소나무 앞에서

우리 집 앞마당에
우람한 소나무 한 그루가 우뚝 서 있다

200년 묶음 소나무가 두 갈래로
마치 부부처럼 서 있다

바라만 보아도 그 자체가 시 한 편이다
그런데 나는 우쭐거리며

시 한 편을 써 보겠다고
노트와 펜을 들고 거대한 소나무 앞에 섰다

맨 아래서부터 저 꼭대기까지
위아래로 훑어보며 폼을 잡는다

펜을 드는 순간
소나무가 내려다보며 건네는 말

내가 살아온 세월을 네가 아느냐
내게 묻는다

나는 부끄러워 고개를 떨구고
미안한 마음으로 돌아섰다

소나무는 그 자체가 시였음에
나는 시 한 편 쓰지 못했다

벌거벗겨진 나무

TV에서 본 대로변에 있는 가로수
누가 밑동 껍질을 모두 까놓았다
아마도 자기 가게를 가릴까 봐
그랬는지도 모르겠다

저 나무를 죽여서
자기 가게야 잘 보일는지 모르지만
얄팍한 상술은 가릴 수가 없다
인간의 본성은 숨길 수가 없다

대로상에서 발가벗겨진 나무는
부끄러움을 모르지만
한 생명을 죽인 부끄러움을
어찌 감추겠는가

바람의 길

숨차게 달려왔다
여기까지 안주할 수 없는 운명이기에
허공에 무늬를 그렸다 지웠다 지웠다 그리면서…
수평을 지키며 살고 싶다.

감각과 생각을 지속적으로 지니며 살 길을 지켰다.
과장하고 싶지 않았다
생각을 이끌어가는 저력을 키우며
눈부신 서정의 흐름을 안고 달려왔다

그대들은
바람의 길을 아는가
바람의 길은 우리가 살아갈 길이라는 것을
생명을 불어넣는 길…

밤하늘 구름바다

먼지 나는 시골길 위를 떠도는
바람이 실어다 주는 이야기를 들으려면
어디로 가야 할까

풀잎들이 속삭이며 그 속 안 품속에서
재잘거리던 시골마을 내 유년의 시절이
그리우면 어디로 찾아가야 할까

화장기 없었던 언니
가만히 웃어주던 언니의 얼굴이 그리우면
어디로 가야 만나 볼 수 있을까

가던 길 멈추어 서서
이국 하늘 아래서 난 맑을 하늘을 바라보며
바람을 맞이해 본다

치열한 삶의 한가운데 서서
님의 통곡하는 산하의 울림소리를 듣고 있다

경련처럼 이는 그리움
흔들리는 나뭇가지 쫓기는 잎새들

어둠 속에서 통곡하는
뿌리의 울음소리를 나는 듣고 있다

밤하늘 펼쳐진 구름바다에
가냘픈 희망의 그네를 띄워본다

첫눈 내리는 날

하얀 눈꽃이 피어 꽃인 줄 알았는데
구름이 꽁꽁 얼어 흘린 눈물 자국
아픈 세월이었습니다
두 손으로 구름 눈물 감싸 안아 품어주니
녹아내려 강물로 바다로 달려가더군요
거기에서도 키울 생명체들이 있나봅니다

제 몸 얼어보지 못한 자는 눈꽃을 피울 수 없습니다
함께 어우러져 피운 겨울 눈꽃
수증기도 얼음알갱이도 햇살도 구름도 바람도
하나로 마음 모을 때
세상은 온통 하얀색으로 빛나는 걸요

하얀 눈꽃보다 예쁜 더 예쁜 꽃
무슨 꽃인지 아시나요
선한 마음으로 피운 사람이 피운 꽃이랍니다

바람이 사정없이 부는 날

갈대처럼 서성여도
갈증이 가시지 않아 창문을 연다
창밖에 바람이 세차게 불고 있다

바람이 스쳐 간 자리에
바람이 묻혀 온 향내
바람은 탄식으로만 떠나는구나

우리 함께 뉘우치고
우리 함께 돌아보고
손잡고 가야 할 길을 알려주는구나

바람이 안주하지 못하는 이유를 아시나요
바람이 사정없이 부는 날
잎새들이 방황을 아시나요

소리소리 쳐 보아도
형체를 잃고 흔들리는 수양버들 줄기
구름이 가렸다지만, 그 위에 태양은 늘 떠 있다

뉴욕에서 만난 반딧불

어느 여름밤 임마누엘 수양관에서 만난
무수하게 날아다니는 반딧불
뉴욕 밤하늘에서 너를 보다니
고향 흙내음이 예까지 풍겨오는가

누굴 찾아 여기까지 왔느냐
타관의 만남이 애닯구나

비록 뜨겁지도 찬란하지도 않지만
깜박거리면서라도
비추어야 할 언어가 남아 있나니

꽃과 나비

한 발자국 두 발자국…
하이힐을 신고 숨을 죽이며
조심스레 조금씩 다가섭니다

순간 팔랑거리며 날아가는 호랑나비 한 마리
토끼나비와 다람쥐나비를 잡아먹고 온 호랑나비가
또 무얼 잡아 먹으려는지 살랑살랑 날아갑니다

나도 호랑나비처럼 살랑살랑 날아가
열두 폭 굽이친 그리움으로
당신을 포획하고 싶습니다

꽃술이 꽃가루 토하듯 그렇게
살포시 당신께 드리우려고
한 걸음 한 걸음 당신께로 조심스레 다가섭니다

심장이 콩 튀기듯 설레는 이 밝은 아침
꿀물 같은 당신 곁에 고즈넉이 앉으렵니다
당신의 고운 어깨에 나의 날개를 얹어봅니다

4부
어머니의 세월

오늘이라는 바다

바다 밑 2,000미터에 가라앉아 검푸른 수압의 노래를 듣고 싶다
사람들은 스스로 만들어낸 구명조끼와 산소통으로 무장하며 분주히 살아가지만
가만히 그 속을 들여다보면
어둡고 우울한 내 안의 바다에 가라앉은 내가 있다
대상을 알 수 없는 두려움과 싸우며
모두 그렇게 가라앉고 있다
구명조끼를 벗어 던지자
입에 물고 있는 산소통을 빼자
그리고 물고기로 살아가자
해초로 살아가자
바다의 한 부분으로 뿌리를 내려 보자

해가 저물 때면 꽃잎을 접는 가오리처럼
해초들은 서로를 바라보지만
내 안에는 온 세상이 들어 있다
해가 뜨기 직전과 해가 넘어가기 직전의 바다는
그 다채로운 아름다움을 보여주지만
해는 내 바다의 무한한 가능성을 비춰주지 못한다

무엇을 위하여 우리들은 시간을 보내고
무엇을 위하여 쉬려고 하는 것일까
살아 있는 동안 나는 내 바다의 깊이를 알아야 한다
내 바다의 특산물을 생산해야 한다

가장 낮은 심해에 가득 채우고 싶은
희생과 봉사의 해조류밭
그 길을 유영하는 기쁨을 누리고 싶다
오늘은

삶이란

자기가 선택하지 않은 걸 감당하는 길이다
늘 곁에 물이 있어도 목이 탄다
애정 어린 시선들이 서로 오가며
각기 풀어놓은 주인공들의 이야기가
한 시대를 만들어 가고 있다

빛의 속도만큼이나 빠르게 가버린 낡은 세월들
지구의 슬픈 눈물이 보이는 날이다
그 어떤 아픔이 지구만큼 아플까
향기도 빛깔도 남김없이 사라지고 있는
내게 주어진 시간들

마음이 맑아져 세상이 보이니
세상 모든 것들에게 빚을 지고 있었다
고마움도 모른 채

아는 자가 모르는 자를 가르치는 것이 아니라
모르는 자를 위해 죽어야 한다는 것을 알았다
깨달으면 깨달을수록 사람은 외로워진다

내가 사계절 속 지구의 아픔을 모르듯
그 어떤 아픔이 지구만큼 아플까!
삶이란 자기가 가보지 않았던 길을 걸어가는 길이다
자기가 선택하지 않은 걸 감당하는 길이다

어머니의 세월

위풍 드세던 세월 기억 더듬어나 보실까
그 기억 더듬어나 보실까

기댈 곳 없어 서성이시는 예리한 시간의 톱날에
어머니의 인생이 토막 나는 소리 듣고 있습니다

빈 가슴속에 밀려오는 댓바람 소리
가슴살 저미는 어머니의 외로움을 느끼고 있습니다

지상과의 인연이 허물어져 가는
한평생 대가 없는 사랑과 희생이었습니다

구멍 숭숭 나 삭아버린 뼈마디
허물기 힘든 생의 남은 시간들

서성이시며 남몰래 우시는 허하신 마음
마음의 창호지가 다 찢겨져 나가

너덜너덜해졌음을
오늘에서야 알 수 있었습니다

팔십 고갯길 언덕 위에서 기진맥진 헤매시는
어머니의 소리 없는 흐느낌을 듣고 있습니다

오늘도 사랑의 날개를 파닥이고 싶어 하실
어머니시어

효도의 드맑은 이슬로 고여온
마음의 찻잔 어머님께 드립니다

살아온 세월 언제나 사랑의 둥지였던 어머니
감사의 꽃다발 드립니다

아직도 나는 마음의 솔가지 속으로
어머니의 샘물을 길어올립니다

엄마는 내게

엄마는 맨몸뚱이로 빈손으로
세상에 나온 나에게
배냇저고리를 입혀 주시며

세상은 이렇게 춥단다 하시며
하이얀 보자기 천으로
똘똘 감싸 주셨다

그때부터 난
어머니 없는 세상은
매우 춥다는 것을 알았다

흔적

가만히 눈을 감고 있어도
흘러가는 것이 있다

아무것도 하지 않았는데
흘러가는 무엇이 있다

그 속에서는 무엇들이 만들어지고
그 속에서 무엇이 흘러서 간다

지나간 날들 속에서
오늘도 내 앞에 놓여진 그 무엇

바람의 이야기를 듣는 것처럼
소리 없는 지나가는 세월

오늘은 우주다

그 안에 수많은 사람들 수많은 동물들 수많은 물고기들 수많은 꽃들 수많은 곤충들 수많은 나무들 수많은 풀들 등 수많은 생명들이 살고 있다

그 안에 수많은 공기들 수많은 바람들 수많은 구름들 수많은 빗방울들 수많은 눈보라들 수많은 빛깔들 수많은 냄새들 등 수많은 현상들이 살고 있다

해가 저물 때면 화심 위로 꽃잎을 접는
꽃들을 바라보지만
그 안에는 온 세상이 들어 있다

해가 뜨기 직전 해가 넘어가기 직전의 하늘
오늘의 다채로운 아름다움을 보여주지만
오늘의 무한한 완성들을 나는 알 수가 없다

무엇을 위하여 우리들은 시간을 보내고
또 걷고 쉬려고 하는 것일까

살아 있는 동안
선을 행할 모든 기회를 만들어야 한다

가장 낮은 사랑으로 가득 찬 우아한 희생의 길
그 길을 걸으며 휴식하는 기쁨을 누리련다
오늘은

딸들에게

딸들아
눈이 내려서 길이 빙판이어도 걱정하지 말아라
조금만 조심하면 얼음은 녹는단다

딸들아
억수 같은 장대비가 내려도 걱정하지 말아라
날은 금방 개인단다

딸들아
날이 너무 더워 숨이 막힐 것 같더라도 걱정하지 말아라
가을은 금방 온단다

딸들아
길이 어둡다고 무서워하지 말아라
조금만 견디면 새벽이 온단다

눈 쌓인 길이라야 썰매를 탈 수 있고
장마가 져야 강물이 맑단다
찌는 듯한 더위가 곡식을 익힌단다

딸들아
너희들의 맑은 미소를 떠올리며
이 어미는 새봄이 꿈틀거리고 있음에 감사하고 있단다

세상이 모진 추위 속이라도 엄마는 떨지 않았어
너희들을 향한 뜨거운 사랑이
식지 않고 열을 뿜어내고 있으니까 말이야

딸들아
너희들이 있어
오늘 엄마의 존재가 의미 있는 것이란다

너, 윤영미에게

영미야 안녕
그동안 살아오느라 수고가 참 많았지

영미(英美),
영국과 미국을 사모하는 팔자를 타고난 영미야
결국 네가 미국에 와서 살며
영어를 쓰고 사는 것은
그럴 수밖에 없는 운명이었구나

너는 숨통 끊기는 날 있어도
절망을 꿈꾸지 않았구나
천지의 날이 어둡고 어두웠어도
거울을 보며 부끄러운 짓은 아니했구나

사계절을 꿈틀거리며 피어나는 산꽃을 보며
삶을 찾아가는 인생의 약도를 지니었구나
어느 날은 맨발로 달리고
어느 날은 자꾸만 넘어져도
넘어진 몸 다시 일으켜 세우며
그래도 아메리칸드림을 꿈꾸었구나

영미야, 너는
을씨년스런 바람이 불어 먼지를 일으키고
낭떠러지로 굴렀어도 울지 않았다

숨차게 달려온 이방인의 길
오늘도 세차게 불어오는 바람 가르며
포코노 임마누엘 수양관에서 기쁜 노래 부른다, 너는

모순

바람개비가 쉴 새 없이 돌고 있다
무한한 횟수의 반복
몸짓 하나에 견딜 수 없는
책임의 짐을 더 맡아야 하는 주어진 생명

가벼운 것은 아름다운 것일까
묵직한 것은 진정 끔찍한 것일까
가벼움의 존재는 무엇의 의미일까
자유롭다 못해 무의미해질
공기보다 가벼운 존재

그러나 세상은 일부러 돌리지 않아도
모든 것이 돌아간다는 사실

밤과 낮이 돌고
아이가 어른이 돼 돌고
싹이 꽃이 되고 열매가 되는 순환
긍정과 부정은 부질없는 판단이다

바람이 있어야 바람개비가 돌 듯

도는 것과 돌리는 것의 차이는 없다

돌리는 것과 도는 것
어느 쪽이 긍정적이고
어느 쪽이 부정적이란 말인가

창조적인 생각을 놓치지 마라

멸치볶음에 오징어젓갈
아니 평범한 음식을 먹고
살아가는 오늘이라 할 지라도
나는 살아있음에
사는 증거를 보여주려면
창조적인 생각을 해야만 한다

중요한 것은
맛있는 것을 먹는 것이 아니라
흥미로운 생각으로
무언가를 만들어낼 때
세상은 변화해 간다

시간을 까무러치도록 사랑해본 적 있는가
그 사람이 아니라면
절벽에서 뛰어내리겠다는 젊은이처럼
절박한 사랑을 해본 적 있는가

가난하게 살아가는 오늘일지라도
창조적인 생각을 놓치지 마라

무슨 크나큰 생각으로 세상을 바꾸려 하지 마라

그냥 나는 시를 쓰고 그림을 그리며
기타를 튕기고 피아노의 건반을 누르며
남이 만들지 않은 내가 만드는
새로운 생각을 기록하리라

창조적인 생각을 놓치지 마라
김치에 생선을 넣거나
밥에 파를 넣는 것
실험을 통해 너는 더욱 사람다운 사람이 되리라

생존의 길에서

한겨울 극심한 갈증에
얼음알갱이를 씹으며 팥빙수를 생각하자

홀로 남겨진 섬에서
극심한 외로움을 견디며 내 섬이라 생각하자

내 어릴 적 내딛는 발자국마다
무언가 나타날 것만 같은 신비의 빙하를 느꼈다

나는 여름 바다 바람결을 그리며
빙하의 물이 녹아내린 원시의 생명수를 마셨다

물 한 컵으로 목을 축이는 하루 속
꿈길이 아니던가

여행길에서

여행이라 해서 집을 떠나려고만 하지 말자
여행이라고 해서 먼 길을 가야 한다고 생각하지 말자
여행이라고 해서 외국으로의 여행만을 생각하지 말자

여행지는 어디에나 있다
책 속에도 있고 음식에도 있고
음악에도 있고 자연에도 있다

개미의 행렬로도 여행을 대신할 수 있고
매미의 울음으로도 여름을 여행할 수 있으며
눈보라 몰아치는 광야에서 산타크로스의 여정을 느낄 수 있다

여행이란 우선 마음의 짐이 가벼워야 한다
그것이 책 속의 주인공일지라도 동행자와 즐거워야 한다
그리고 되돌아갈 곳이 있어야 한다

찾았는데

강은 바다를 향해
포기하지 않고 달려갑니다

겨울은 봄을 맞이하려고
모진 추위를 이겨냅니다

찾았는데, 혼신을 다해 찾았는데
빈 깡통이었습니다

쓰레기통에 던져 버렸습니다
오늘의 나를

무게를 가슴에 안아
가늠해 볼 시간도 없이 달려온 길

굳게 갇혀버린 낡은 세월 속에
표정들을 훔쳐보는 날입니다

쿵쾅 쿵쾅 쿵쾅…
가자, 본연의 나로

되돌아갈 수는 없잖아
가자, 그래도 가자

아름다운 것은

사랑보다 아름다운 것은
이기적인 마음을 배척하는 일이다

용서보다 아름다운 것은
아집을 소리 없이 무너뜨리는 일이다

햇빛보다 환한 날을 살 수 있는 것은
내 안의 어두운 생각을 몰아내는 일이다

비워내는 일보다 더 아름다운 것은
비운만큼 드러나지 않는 겸손

내 속의 나를 없애는 일이다
그리하여 사람들과 동화하는 일이다

무릎을 꿇는 것은

한 젊은이가 그의 약혼자 앞에서
한쪽 무릎을 꿇고 반지를 끼워주는 모습을
TV에서 보았다

자신의 모든 것을 내려놓고
오직 사랑을 얻기 위해
무릎을 꿇는 저 젊은이

나는 날마다 하나님께 무릎을 꿇는다
내 모든 것을 내려놓고
오직 하나님 사랑을 얻는 것만이

내 생애의 최고의 특권이다
내 삶의 택한 최선의 선택이다
한없는 하나님의 은혜다

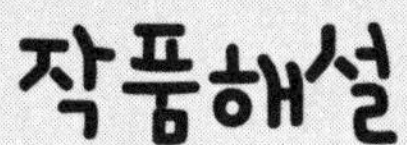

작품해설

기독교 박애정신을 바탕으로 한 시학

김 순 진(문학평론가 · 스토리문학 발행인)

〈작품해설〉

기독교 박애정신을 바탕으로 한 시학

김 순 진(문학평론가 · 스토리문학 발행인)

윤영미 시인을 알게 된 것은 그리 오래지 않다. 윤영미 시인은 미국 뉴욕에 살고 계시는 시인이다. 나는 평소 미국 뉴욕에 이민하여 살고 있는 윤금숙 시인과 친분이 있었다. 대략 20여 년 전쯤 미국의 윤금숙 시인은 내가 운영하는 도서출판 문학공원에서 카렌다를 주문, 제작해 보내드린 바 있다. 그 이후 지난 3년 전에 그녀는 또다시 도서출판 문학공원에서 『2001 뉴욕, 그곳에서 우리는』이라는 시집을 출간하며 한국을 다녀갔다. 그 이후 윤금숙 시인은 윤영미 시인을 소개해주었다. 오랫동안 '문학공원' 출판사와 종합문예지 ≪스토리문학≫, 그리고 한국스토리문인협회를 이끌어온 나는 윤영미 시인을 소개받자마자 그녀의 인간성과 능력을 한눈에 알아볼 수 있었다.

1981년에 미국으로 이주한 윤영미 시인은 미국 이민사회에서 존경받고 있었는데, 그녀는, 이미 미주청솔문

화재재단 이사장으로 청솔문학상을 제정해 시상하고 있었으며, '임마누엘수양관'과 함께 '청솔쉼터 문학마을'을 운영하고 있었다. 게다가 그는 1994년에 ≪삶터문학≫과 1997년에 ≪시대문학≫에 등단하여 30여 년의 문단 경력을 가지고 있었다. 여러모로 종합해볼 때 한국스토리문인협회 회장인 나는 윤영미 시인의 능력을 믿고 한국스토리문인협회 미주지부장으로 임명하는 한편, 그의 필력을 높이 사 지난 20년 동안 발간해온 종합문예지 ≪스토리문학≫의 편집위원으로 초빙하게 되었다. 윤영미 시인은 필자가 드린 직함을 가지고 활발하게 활동했다.

그녀는 하세종 시인, 유인자 시인, 이명국 시인 등을 발굴하여 ≪스토리문학≫에 추천하는 한편 그들이 원만하게 작품집을 낼 수 있도록 주선하고, 최근엔 ≪뉴욕문학≫ 33집과 ≪영문판 뉴욕문학≫ 3집까지 필자가 운영하는 도서출판 문학공원에 소개해 발간되었다. 나는 윤영미 시인 덕분에 문학공원 사무실에서 윤영미 시인과 조우하는 한편 미동부문인협회 노려 회장님까지 만나 뵙는 영광을 누렸다. 이 자리를 빌어 윤금숙 시인께 훌륭한 시인을 소개해주신 데 대해 감사의 인사를 드린다.

윤영미 시인은 그냥 시만 좋아하는 분이 아니었다. 나는 윤 시인이 메일로 보내온 시집 원고를 받아보고 깜짝 놀랐다. 고려대학교 미래교육원 등지에서 20여 년 동안 시창작을 강의해온 나는 윤영미 시인의 시적 능력을 보고 한동안 입을 다물 수 없었다. 윤 시인의 시는 단순히 한국말을 잊어버리지 않기 위하여 습작하는 수준이 아니라, 한국의 중앙문단에서 현대시를 업으로 삼고 있는 유명시인들의 필력과 버금가는 빼어난 작품이었기 때문이다.

윤영미 시인의 시에는 크게 세 가지 사상이 깃들어 있다. 우선 하나님의 사랑을 바탕으로 하고 있다. 그녀의 마음속에는 독실한 크리스천 정신이 깔려 있어 봉사와 나눔의 흔적이 곳곳에 나타난다. 무엇을 하든 하나님께 아뢰고, 간구하며 감사하는 그의 삶에서 비롯된 시에는 군데군데 감사의 마음이 깃들어 있다. 두 번째로 윤영미 시인의 시에는 자연 관찰을 통한 자기성찰 정신이 들어있다. 인간에게 자연만큼 큰 스승도 없다. 꽃을 주고 열매를 주며, 마침내 땔감이나 거름이 되어 '아낌없이 주는 나무'라는 닉네임을 얻은 자연에게 인간은 나약하고 작은 존재로서, 자연은 우리에게 순응의 방법을 알려주고 있음을 윤영미 시인의 시에서 엿볼 수 있다. 세 번째로 윤영미 시인의 시에 등장하는 소재의 다양성과 그 소재가 인간과 잘 어울려 동화하고 있음을 나는 엿보았다. '진주조개'나 '다리미', '어둠'과 '촛불'까지 그의 시에 나오는 사물은 모두 논리를 가지고 있으며, 그 논리는 인간과 유기적인 상관관계를 가지고 있다.

이처럼 필력이 빼어나고, 안정적인 글을 쓰는 분의 시집을 출판하게 된 것을 너무나 기쁘게 생각하면서 이쯤에서 윤영미 시인의 시 몇 수를 읽어보면서 그녀의 문학세계를 여행해보자.

유튜브를 보니
동남아시아 사람이 조개에서
진주알을 잔뜩 꺼내고 있다

저게 정말인지 반신반의하며
꺼내지는 진주알을 바라보자니
저런 행운은 내게 왜 안 올까 서운하기도 하다

조개는 진주를 품에 안고
쓰린 눈물 순간마다 삼키며
길고 긴 날을 참고 살아왔으리

바다 깊은 곳에서
보이지 않는 하늘빛을 그리며
모래알 한 톨 몸속에 들어가

살을 도려낼 듯 가슴을 찌를 때
넘실거리는 파도 소리는 귀에 쟁쟁했겠지
모래알 꺼내려고 몸부림쳤겠지

온몸 저려오는 고통을 견디며
물속 깊이 울음을 삼켰겠지
그리하여 영롱한 진주를 품게 됐겠지

지난 30여 년 동안 가슴앓이하며 품었던

시 61편을 진주알처럼 꺼내 세상에 내놓는다
나의 시는 누구의 가슴에 진주목걸이로 채워질까

－「진주를 안은 조개」 전문

이 시를 읽어보니 나도 윤영미 시인이 본 동남아시아 여인들이 잡은 조개에서 진주를 꺼내는 유튜브를 여러 번 보았다. 바닷가에서 조개를 잡는 장면도 여러 번 보았고, 민물 호수나, 하물며 개울에서 민물조개를 잡았는데, 그 속에 오색영롱한 진주가 엄청나게 들어 있는 유튜브도 보았다. 그리고 윤영미 시인처럼 저게 진짜일까? 어떻게 저렇게 많은 진주가 나올 수가 있을까? 왜 나에게는 저런 진주조개의 행운이 오지 않는 것일까? 그런 의심과 불평을 했었다. 그러나 윤영미 시인처럼 진주를 키우는 조개의 아픔을 헤아리지 못했다. 그리고 더구나 진주조개를 시인인 자신이 시를 써온 수많은 나날 속에 앓았던 가슴앓이와 비유할 줄은 정말 몰랐다. 잘못 들어간 모래알 한 알이 진주를 만들고 꺾어진 나뭇가지가 틀어박혀 옹이를 만든다. 시를 쓴다는 것은 어쩌면 진주를 만드는 일이다. 옹이를 짓는 일이다. 등단 30년 동안 두 번째 시집이라는 것은 그가 얼마나 시에 진심인가를 가늠할 수 있다. 그만큼 윤영미 시인은 가슴에 모래알 같은 시제를 넣고 그 시제가 진주로 자라날 수 있도록 오랜 시간 동안 웅어리진 마음을 풀어 마침내 한 편의 완성된 시로 독자 앞에 내놓고 있다. "온몸 저려오는 고통을 견디며" 마음"속 깊이 울음을 삼"키며 "그리하여 영롱한" 한 편의 시를 품게 된 것이다. 때문에 그는 "지난 30여 년 동안 가슴앓이하며 품었던 / 시 61편을 진주알처럼 꺼내 세상에 내놓"으며 "나의 시는 누구의 가슴에 진주목걸이로 채워질까"라면서 어떤 독자에게 행복을 줄 수 있을까 고민한다.

오랜만에 다리미질을 한다
와이셔츠를 다리고
치마를 다리고
바지를 다린다

옷이야 다리미로 다리면 펴진다지만
구겨진 마음은 무엇으로 펼까
꽃으로 펴고
선물로 펴려 하지만
여전히 구겨진 인상

서로 마음 편히 살도록 도와주면
마음이 구겨질 것까지 없지 않을까

구겨져서 펴야 하는 오늘이라면
마음 다리미 하나 마련하자
마음 다리미 속에 물을 넣고
스팀을 팍팍 쏘면서
웃음 가득한 삶을 살아보자

<
도무지 이해할 수 없는
구겨진 공간들
말끔하고 반듯하게 펴놓자

다려놓은 블라우스를 입어보며
밝게 웃는다
순간 구겨진 마음이 밝게 펴진다

-「다리미질을 하면서」 전문

현대를 살아가는 성인이라면 누구나 다리미질을 한다. 그가 여성이든 남성이든, 노인이든 청년이든 다리미질은 우리의 일상이다. 나 역시 다리미에 관한 시를 한 편 쓴 적이 있다. 홀로 계셨던 아버지의 바지를 다리며 쓴 시였는데, 아버지는 다리미처럼 늘 무릎으로 논밭을 기어 다니시며 우리의 먹을거리를 장만하셨다. 이 시에서 윤영미 시인도 다리미질을 하고 있다. 아마도 와이셔츠와 바지를 다린다는 것을 보아 남편의 옷을 먼저 다리고, 자신의 치마를 다리는 것 같다. 세탁기에서 나온 구겨진 옷들을 펼 수 있는 것은 다리미가 있으면 된다. 스팀다리미는 옷의 구김을 더욱 빠르고 쉽게 펼 수 있다. 사노라면 마음이 구겨지기 일쑤다. 우리는 사노라면 고독, 슬픔, 외로움, 이별 등의 구김을 당하기도 한다. 그럴 때 사람들은 술을 마시거나, 등산을 가기도 한다. 하나님을 원망기도 하고, 십자가 앞에 꿇어앉아 간구하기도 한다. 그런데 윤영미 시인은 마음이 구겨지는 것은 서로에 대한 배려가 적었기 때문이라 진단한다. 그러면서 "서로 마음 편히 살도록 도와주면 / 마음이 구겨질 것까지 없지 않을까"라며 처방을 내린다. 물질이 인간관계를 이루는 촉매처럼 사람들은 착각하며 살지만, 인간관계를 이루는 것은 물질이 아니라 배려다. 살다 보면 아무리 금전문제로 어렵다고 할지라도 그것으로 다투지 않는다면 "삶이 그대를 속일지라도 / 슬퍼하거나 노하지 말라"고 했던 푸시킨의 시처럼 금전에 속아 넘어가지 않을 수 있다. 난관에 봉착할 때마다 서로를 위로하고 배려해준다면 아무리 험준한 인생의 산맥이라도 넘을 수 있다. 돈에 노예가 돼서는 안 된다는 말이 그 말인 것 같다. 그래서 나는 윤영미 시인이 "구겨져서 펴야 하는 오늘이라면 / 마음 다리미 하나 마련하자"고 한 말에 공감한다. 그렇다면 마음 다리미는 어떤 다리미일까? 윤영미 시인의 시구 "마음 다리미 속에 물을 넣고 / 스팀을 팍팍 쏘면서 / 웃음 가득한 삶을 살아"볼 수 있는 방법은 무엇일까? 그것은 '여유'라는 다리미를 장만하는 일이다. 금전적으로 여유로우면 얼마나 좋을까만은, 금전적으로 부유한 사람들도 마음적인 여유를 깨닫지 못한다면, 서로를 시기하고 늘 아등바등 살 수밖에는 없는 일이다. 그래서 윤영미 시인은 마음 다리미인 '여유'를 가지기 위해 시를 택하였는지도 모를 일이다.

캄캄한 방에 들어가 있었다
스위치가 어디 있는지 가늠하기 어렵다
어둠이 너무 넓다
내 한 몸 불사른다 해도
저 구석까지 밝힐 수는 없다

어차피 남게 마련인 여백의 그림자
차라리 비추인 내 몸 근처
어둠이 너무 넓다
그곳이 나의 뜰인 것을
불타는 빛인 것을

어둠은 새싹을 키우고
어둠은 열매를 키우며
어둠은 쉼터를 제공해
성공을 키운다
어둠이라는 저 비옥한 토양

-「비옥한 어둠」 전문

이 세상 모든 것에는 음양의 이치가 존재한다. 태양과 달이 있고, 밤과 낮이 있다. 남성과 여성이 있고, 산과 바다가 있으며, 젊음과 늙음이 있고, 밖과 안이 있다. 모든 식물은 뿌리를 근거로 열매를 생산한다. 한 그루의 사과나무는 뿌리를 통해 땅속 깊은 곳에 흐르는 육즙을 선별하여 길어 올린다. 한 그루의 장미 넝쿨은 땅속 깊은 곳에 조금씩 산재해 있는 붉음을 오랜 시간

동안 조금씩 조금씩 모아다 꽃으로 매단다. 물론 땅만이 모든 열매와 꽃을 존재하게 하는 이유는 아니다. 빨주노초파남보, 일곱 색깔 무지개로 쏟아지는 태양 빛이 진달래꽃의 연분홍 잎사귀와 노란 해바라기 꽃잎의 생성을 돕지만, 줄기와 잎을 만들고 외부 현상에 대해 순응하며 받아들이는 것은 땅의 슬기다. 한 달이라는 기간을 살펴보면 달은 초승달에서부터 조금씩 자라나 마침내 보름달이 되고, 또다시 그믐달로 줄어들며 어둠을 조절해나간다. 태양이 봄, 여름, 가을, 겨울로 온도를 조절하는 것과 마찬가지로 달이 매월 쉬지 않고 그렇게 어둠을 조절하는 사이에 곡식들은 열매를 맺고 익히며, 물고기들은 잉태하고 산란해 성장한다. 사람들은 밝은 낮에는 직장에 나가 재화를 생산하고, 밤이면 사랑과 휴식을 통해 재생산을 촉진한다. 그래서 윤영미 시인은 어둠을 '비옥한 토양'이라고 말하고 있다. '어둠이 비옥한 토양'이라고 볼 수 있는 시적 혜안은 오랜 시간 동안 시를 써온 자의 사유를 통해서만 얻어지는 특별한 능력이다. 한 치 앞도 보이지 않는 짙은 어둠이 오래될수록 밝음에 대한 감사의 농도가 짙을 수 있다. 세상 모든 것을 얼려버리는 혹독한 추위의 겨울일수록 해충을 얼려 이듬해 풍성한 열매를 얻을 수 있다. 아기는 엄마의 보이지 않은 수고, 어둠 속에서의 분주한 손놀림을 통해 성장한다. 사람이 환갑을 넘기면 그 기운이 밝음보다는 어둠이 많아진다. 이곳저곳 쑤시는 데가 생기고, 치아가

부실해지며, 골다공증에 걸릴 확률도 높아진다. 게다가 위장병이나 당뇨, 고혈압증 같은 성인병에 노출된다. 그러나 그런 것들 속에 밝음이 증명되는 것은 부쩍 성장하여 성공시킨 자녀들, 그리고 그 자녀들이 3세가 또다시 우리의 생명을 이어주며 대대손손 이어져가는 일이니, 어둠이란 정말 비옥한 토양이 맞는 것 같다.

이 시집의 2부는 '~論'이라고 하는 제목의 시가 15편 실려 있다. 「열쇠論」, 「전신주論」, 「두엄論」, 「선약論」, 「쓰레기통論」, 「초벌그림論」, 「뿌리論, 「연모論」, 「거미줄論」, 「신발論」, 「폐차장論」, 「촛불論 · 1」, 「촛불論 · 2」, 「모래알論」, 「걸레論」" 등이 그것이다. 그에 앞서 나는 윤영미 시인이 그동안 얼마나 많은 생각으로 사물의 논리를 연구해왔는가에 대하여 감탄한다. 윤영미 시인은 "열쇠는 잠그는데 임무가 있는 것이 아니라 풀어주는 것에 있음을, 전신주는 서 있기 위해 존재하는 것이 아니라 밝음을 위해 존재한다는 것임을, 두엄은 스스로 썩어 2세를 위한 자양분이 되어야 함을, 후에 아무리 중요한 사람과 만남이 생긴다고 하더라도 선약은 지켜져야 함을, 쓰레기통은 채워질 때 거리가 깨끗해지는 것이 아니라, 버리지 않는 마음이 중요하다는 것을, 초벌그림을 통해 무엇이든 초심을 버리지 말아야 한다는 것을, 뿌리가 튼실하지 못한 나무는 쓰러질 수박에 없다는 이론을, 가슴속에 두고 혼자 하는 사랑이 시인으로 키운다는 것을, 산 입에 거미줄 치지 않으려면 부지런히 움직여야 한다는 것을, 촛불은 스스로 태워 세상을 밝힌다는 것을, 모래알은 부서져도 건물을 세우고 백사장을 이룬다는 것을, 걸레는 제 몸을 더럽히며 사물을 깨끗이 만들고 있다"며 사물에 대한 단단하고 공감하는 논리를 펼치고 있다. 나는 여기서 제목이 된 「초벌그림論」과 「촛불論 · 2」을 살펴보려 한다.

몸이 펄펄 끓었어 일주일 내내 독감에 시달렸었어 바닷물에 버려졌다가 백사장에 건져 오른 시신처럼 나는 퉁퉁 불어있었어

아득한 날을 기다리며 치르는 이 욕망의 끝은 어디일까 첫 번째 리허설로 시작되었다면 나의 것은 어느 막에 와 있을까

인생은 초벌 그림이다 완성작 없는 밑그림이다 완성작이 될 수는 없는, 이제 수정할 수도 없는 나의 그림

연습 한 번 않고 무대 위에 오른 배우처럼
서툴기만 한 나의 연기는 너무 힘들다
그래도 나는 내 그림을 포기할 수 없다

-「초벌그림論」 전문

윤영미 시인의 인생 그림은 사실 대단한 필치의 완성작이다. 10호, 50호짜리가 아니라 100호 200호짜리의

대형 그림이다. 윤 시인의 그림 속에는 하나님도 들어있고 가족도 들어있다. 인류애도 들어있고 우주도 들어있다. 그녀가 청소년 시절에 가고 싶었던 길, 즉 그리고 싶었던 그림이 무엇이었는지 나는 잘 모른다. 다만 윤영미 시인은 지금 미국 뉴욕의 이민 사회에서 리더로서 안정된 삶을 영위하고 있다고 느껴진다. 그런데 그는 자신이 아직도 초벌그림 티를 벗지 못하고 살아가고 있다며 자신을 낮춘다. 내 인생은 완성작이 아니라고 불만을 토로한다. 그러나 필자가 볼 때 윤영미 시인은 정말 성공한 인생을 살아오신 것 같다. 여성이란 신분으로 이민 사회에서 이름을 알린 것 자체가 성공한 인생이고, 임마누엘 수양관을 운영하는 것만으로도 그녀는 이미 하나님의 사랑 안에서 충분히 화가로서 잘 성장해왔다고 보여진다. 그래서 이제 그녀가 그리고 있는 시라는 그림을 통해 두 번째 개인전을 열고 있는 것이다. 필자가 본 윤영미 시인의 시, 즉 그녀가 그려온 인생그림은 초벌그림이 아니었다. 물론 윤영미 시인이 말하는 것처럼, 누구도 인생그림을 포기할 수는 없다. 필자도 요즘 은평미술협회와 포천예술인협회를 통해 화가로 활동하고 있지만, 그림이라는 것은 원래 지극히 개인적인 작업이다. 똑같이 그려도 못 그린 그림이 될 수 있고, 무엇을 그렸는지 알아볼 수 없는 그림, 무엇을 형상화하려 했는지 해석할 수 없는 그림이 잘 그린 그림일 수도 있다. 이 세상에 올바른 길이란 없다. 다만 나의 길이 있을 뿐이다. 어떤 엄마는 못 배운 한으로 자식을 가르쳤다고 하지만, 그것은 사실은 자식을 위한 삶이 아니라 자신을 위한 삶이다. 또 어떤 목사님은 하나님의 복음을 전파하며 한평생 하나님을 위해 살았다고 하지만, 사실은 그 사람도 자신을 위한 삶이었다. 다만, 우리 앞에 수많은 길이 놓인 것처럼, 삶의 그림에도 수만 가지 그림이 있다. 채색을 전혀 하지 않고 크로키만 그리는 사람들도 있는데, 그 화가의 그림은 초벌그림이 아니라, 처음부터 완성작인 것이다. 윤영미 시인이 이 시를 통해 우리에게 말하고 싶은 것은 숙련도가 아니라 늘 처음처럼 초심으로 살라는 주문이다. 그래서 그녀는 "인생은 초벌 그림이다 완성작 없는 밑그림이다 완성작이 될 수는 없는, 이제 수정할 수도 없는 나의 그림"이라 말하는 것이다. 지나온 과거를 수정할 수는 없다. 그때 내가 왜 그렇게 했는지, 그때 왜 내가 그 사람에 대해 그렇게 모질게 굴었는지 반성은 할 수 있으되, 수정할 수는 없다. 지난날 시골에서 살았던 시절의 가난했던 생각을 수정할 수는 없지만, 우리는 그 그림을 결코 나쁜 그림이거나 찢어버리고 싶은 그림이라 생각지 않으며, '그때가 좋았지'라며 아름다운 그림으로 여전히 추억을 되새긴다. 윤영미 시인이 살아오신 인생이란 그림을 이젠 수정할 수는 없지만, 그래도 그 그림은 마음의 벽에 걸어두고 두고두고 감상할만한 명작이었다는 평가를 드린다.

탁 성냥을 그어대자마자
어느덧 방안 가득히
희미한 빛으로 일어서는 너

여린 몸 녹이며
가녀린 심지 세우고
세상을 밝히는 너의 모습

소리 없는 뜨거운 눈물 흘리며
어두운 세상에 빛을 발하는 그대
나도 그런 사랑을 하고 싶다

작고 가녀린 나의 몸이지만
춤추듯 살아 오르는 촛불을 닮아
힘든 세상에 빛이 되고 싶다

허망한 얘기는 이제 잊어버리자
오직 환하게 비춰야 한다는 일념으로
제몸을 사르는 촛불이여

가녀린 너를 바라보고 있노라면
나는 너에게 저절로 두 손이 모아진다

사랑의 주님이시어
오늘도 원만하게 하소서

어두운 방에 앉아 너를 바라본다
지금껏 살아온 내 삶이 부끄럽다
나로 하여 내 이웃이 평안하게 하소서

-「촛불論 · 2」 전문

나는 이 시에서 윤영미 시인이 본인에 대하여 이웃에 대하여 한평생 어떤 자세로 살아오셨는지 가늠해볼 수 있었다. "어두운 세상에 빛을 발하는" 촛불처럼 "나도 그런 사랑을 하고 싶"었고, 그런 소망처럼 그렇게 살아오셨을 것이다. 인간은 나약하다. 우리가 그랜드캐니언이나 나이아가라 폭포 앞에 서서 첫 번째 느낄 수 있는 감정은 '인간은 한없이 작고 나약하다'라는 감정이다. 더구나 허리케인 같은 바람이 한 마을을 강타해 건물들의 지붕을 무수히 벗겨놓고 수십 년 된 나무를 뿌리째 뽑아놓을 때, 홍수로 한 도시가 물에 잠기고 차량들이 떠내려갈 때, 우리는 저절로 '오, 주여!'라고 외칠 수밖에 없는 존재다. 그러나 촛불이 그 작은 몸으로 온 방을 밝힐 수 있듯이 한 사람의 선한 영향력이 지구촌의 80억 명을 살게 한다. 에디슨이란 소년이 뒤꼍에서 계란을 깔고 앉아 품고 있을 때, "이 녀석에 사람이 무슨 계란을 부화한다고 그래, 그럴 시간이 있으면 공부나 해"라면서 그가 품고 있던 계란을 빼앗아 프라이를 해먹었더라면, 우리 인류는 치킨과 계란을 지금처럼 실컷 먹을 수 없었을 것이다. 누군가가 인터넷을 발명하지 않았다면, 나는 실시간으로 미국에 사는 윤영미 시인과 카톡과 메일을 주고받거나, 보이스톡, 페이스톡을 할 수 없었을 것이다. 우리 인류에게 전구를 발명해서 밤과 어둠 속에서도 밝음을 선물해준 에디슨과 컴퓨터를 선물해준 스티브잡스 같은 사람도 훌륭한 사람이지만, 나는 논두렁에 콩을 심고, 텃밭에 채소를 가꾸는 사람도 훌륭한 사람이라 칭한다. 해바라기가 예쁜지, 민들레가 예쁜지는 경중을 따질 수 없다. 그것은 '엄마가 좋아, 아빠가 좋아'라 묻거나 '계란이 먼저일까, 닭이 먼저일까'를 묻는 기우를 범하는 일이다. 이 세상에 존재하는 것은 모두 아름답고 위대하다. 서울의 북한산 산봉우리 위 있는 백운대 큰 바위는 우람해서 존경받지만, 발아래 구르는 조약돌은 그 바위와 같은 나이, 즉 지구가 생겨날 때 같이 생겨난 46억 살의 연세를 지녔다. 세상의 민주주의를 위해 산 링컨도 위대하지만, 우리 어머니들은 평생 농부로 사시면서 그 척박한 땅을 수천억 번의 호미질로 일구며 우리의 먹을거리를 생산해내셨다. 그런 것처럼 윤영미 시인도 사랑과 봉사로 주변의 촛불 같은 존재로 살아오셨으니 충분히 존경받아 마땅하다. "지금껏 살아온 내 삶이 부끄럽다"고 반성하며 "나로 하여 내 이웃이 평안하게 하소서"라는 윤영미 시인의 기도에서 나는 한 줄기 빛을 본다.

> 바다 밑 2,000미터에 가라앉아 검푸른 수압의 노래를 듣고 싶다
> 사람들은 스스로 만들어낸 구명조끼와 산소통으로 무장하며 분주히 살아가지만
> 가만히 그 속을 들여다보면

어둡고 우울한 내 안의 바다에 가라앉은 내가 있다
대상을 알 수 없는 두려움과 싸우며
모두 그렇게 가라앉고 있다
구명조끼를 벗어 던지자
입에 물고 있는 산소통을 빼자
그리고 물고기로 살아가자
해초로 살아가자
바다의 한 부분으로 뿌리를 내려 보자

해가 저물 때면 꽃잎을 접는 가오리처럼
해초들은 서로를 바라보지만
내 안에는 온 세상이 들어 있다
해가 뜨기 직전과 해가 넘어가기 직전의 바다는
그 다채로운 아름다움을 보여주지만
해는 내 바다의 무한한 가능성을 비춰주지 못한다

무엇을 위하여 우리들은 시간을 보내고
무엇을 위하여 쉬려고 하는 것일까
살아 있는 동안 나는 내 바다의 깊이를 알아야 한다
내 바다의 특산물을 생산해야 한다

가장 낮은 심해에 가득 채우고 싶은
희생과 봉사의 해조류밭
그 길을 유영하는 기쁨을 누리고 싶다
오늘은

-「오늘이라는 바다」 전문

이 시는 윤영미 시인이 한국스토리문인협회가 매년 실시하는 2023년도 제10회 스토리문학상에 응모해 당당히 심사를 통해 스토리문학상을 수상한 작품 중 한 작품이다. 오늘이라는 바다는 그 깊이를 알 수 없는 심해의 바다다. 오늘이라는 바다는 언제라도 풍랑이 몰아칠 수 있는 질풍노도의 바다다. 때론 잔잔해 순풍에 돛을 달고 유유히 항해할 수 있는 바다이기도 하지만, 언제 어느 때 태풍이 몰려올는지 모를 위기의 바다이기도 하다. 그러나 우리는 오늘이라는 바다 삶을 위해 끊임없이 다랑어며 청어를 잡아 올리고 어느 땐 진주조개를 캐기도 한다. 풍랑이 몰아칠 것을 대비하여 지붕을 단단히 새끼로 엮어놓은 제주 해안가의 초가집을 본 적이 있다. 일기예보에 따라 포구에 배를 단단히 묶어 정박시키고, 거리에 나오는 것도 자제하고 있다가, 언제 그런 일이 있었느냐며 태풍이 지나가면 우리는 바다로 나와 물고기를 잡고 김과 미역을 따며, 해수욕을 즐긴다. 사람들은 홍수와 화재 등 천재지변을 대비해 보험을 들고, 단단히 벽을 쌓아 집안에 들어가 산다. 말하자면 "사람들은 스스로 만들어낸 구명조끼와 산소통으로 무장하며 분주히 살아가"고 있는 것이다. 그러나 윤영미 시인은 구명조끼와 산소통을 벗어버리자고 주장한다. 구명조끼와 산소통은 위급할 때는 요긴하게 쓰일 수 있지만, 늘 무엇에 의지하다 보면 자생력은 반감된다. 그래서 그녀는 "살아 있는 동안 나는 내 바다의 깊이를 알아야 한다"고 주장한다. 그리고 "내 바다의 특산물을 생산해야 한다"고 역설한다. 내 바다의 특산물이란 무엇일까? 그림을 좋아하는 사람은 그림이 내 바다의 특산물이다. 음악을 좋아하는 사람은 음악이 내 바다의 특산물이다. 요리를 좋아하는 사람은 요리가 내 바다의 특산물이다. 그런 것처럼 윤영미라는 바다의 특산물이란 문학이 특산물이고 시가 특산물이다. 내가 태어나고 자란 고향 포천시에는 인삼과 막걸리, 그리고 이동갈비라는 특산물이 있다. 이를테면 가평 잣, 홍성 한우, 성주 참외, 기장 멸치, 영광 굴비 같은 것인데. 어떤 시군을 생각하면 문득 떠오르는 특산물이 하나도 없는 고장이 많다. 사람의 삶도 그렇다. 어떤 사람은 그림도 잘 그리고, 글도 잘 쓰면서, 글씨도 잘 쓰고, 음악까지 잘하는 사람도 있다. 어떤 사람은 축구 잘하고 농구도 잘하며, 탁구도 잘 치는 사람이 있다. 반면에 아무런 특기가 없이 살아가는 사람이 있다. 그런 사람은 대부분 소극적이고 수동적이다. 누가 시켜야 억지로 참여하고, 아니면 아무것도 하지 않고, 그저 밥이나 축내는 사람이 있는데, 그 사람에게도 나는 특기를 계발할 시간이 충분하다고 늘 역설한다. 왜냐하면 무슨 일을 배우는 시간은 열심히 한다고 가정할 때 채 5년이 걸리지 않는다. 그 이후로는 누구도 그 분야에서 전문가가 될 수 있는 것이다. 인생은 60부터라고 했다가 요즘은 인생은 80부터라며 노익장을 과시한다. 스스로가 나는 인생의 특산물이 없는 사람이라 생각된다면 지금 당장 가까운 문화센터에 가보시라고 권해드리고 싶다. 그곳에 가면 '노래교실'에서부터 '서예, 캘리그라피, 문인화, 서양화, 기타, 하모니카, 오카리나'에 이르기까지 다양한 배울거리가 준비되어 있기 때문이다.

위풍 드세던 세월 기억 더듬어나 보실까
그 기억 더듬어나 보실까

기댈 곳 없어 서성이시는 예리한 시간의 톱날에
어머니의 인생이 토막나는 소리 듣고 있습니다

빈 가슴속에 밀려오는 댓바람 소리
가슴살 저미는 어머니의 외로움을 느끼고 있습니다

지상과의 인연이 허물어져 가는
한평생 대가 없는 사랑과 희생이었습니다

구멍 숭숭나 삭아버린 뼈마디
허물기 힘든 생의 남은 시간들

서성이시며 남몰래 우시는 허하신 마음
마음의 창호지가 다 찢겨져나가

너덜너덜해졌음을
오늘에서야 알 수 있었습니다

팔십 고갯길 언덕 위에서 기진맥진 헤매시는
어머니의 소리 없는 흐느낌을 듣고 있습니다

오늘도 사랑의 날개를 파닥이고 싶어 하실
어머니시어

효도의 드맑은 이슬로 고여온
마음의 찻잔 어머님께 드립니다

살아온 세월 언제나 사랑의 둥지였던 어머니
감사의 꽃다발 드립니다

아직도 나는 마음의 솔가지 속으로
어머니의 샘물을 길어올립니다

-「어머니의 세월」 전문

요즘 한국의 위상이 대단해졌다. 세상의 모든 팝송은 팝과 K팝으로 구분한다. 이제 흑인음악이라든지 라틴음악은 팝이란 이름 아래 가려졌고, 오직 팝과 K팝이 있을 뿐이다. 세상의 모든 드라마와 K드라마로 나뉜다. 과거에는 미드(미국 드라마)도, 프드(프랑스 드라마)도 있었지만 이젠 세상 모든 나라의 드라마는 드라마라는 이름 속에 갇혔고, 오직 드라마와 K드라마가 존재할 뿐이다. 왜 그런 현상이 일어나고 있는 것일까? 그것은 한국의 음악이나 한국의 드라마가 인간의 기본, 즉 휴머니즘에 충실하고 있기 때문이라 나는 진단한다. 그런 논리로 나는 세상에는 어머니와 모든 것이 둘로 양분된다고 생각한다. 어머니란 분은 나를 길러낸 분이다. 여기서 ‘기르다’는 말은 단순히 젖을 먹여 키운다는 논리로는 역부족인 말이다. ‘기르다’에서의 ‘르’는 우리 말에서 진행형을 뜻한다. ‘흐르다, 구르다, 부르다’ 등은 러불규칙동사로써 뒤의 ‘ㄹ’이 연음돼 변화하는 현상인데, ‘흐르다 - → 흘러, 구르다 → 굴러, 부르다 → 불러’ 등으로 변환한다. 그에 반하여 ‘다르다, 조르다’ 등은 ‘다르다 → 달라, 조르다 → 졸라’와 같이 ‘라’로 규칙적으로 변환되는 동사로써 둘 모두가 진행되어 가는 과정을 뜻한다. 그러나 이 두 가지 동사에도 자동사이나 타동사이냐를 따져봐야 한다. 말하자면 아기나 가축, 곡식이나 꽃은 스스로 성장할 수 없는 ‘기르다’에서처럼 타인에 의해 길러져야 하는 대상이다. 어머니는 나를 온몸으로 기르셨다. 게다가 모든 정신을 쏟아부어 기르셨고, ‘그렇게 하면 안 된다’ ‘이렇게 해야 하는 것이다’를 몸소 보여주시며 기르셨다. 그리고 어머니가 윤영미 시인에게 그랬던 것처럼 그녀도 어머니가 되어 온몸으로 자녀들을 길러내셨고, 지금도 캐어하고 있는 것이다. 그래서 자식에게 어머니가 없는 세상은 아무도 없는 세상이 되며 어머니만 곁에 있으면 부러울 것 없는 세상이 되는 것이다. 그것은 나이와 학벌에 상관없는 불문율이다. 하세종 시인과 같이 90세의 연세에도 어머니를 그리워하는 것은 그런 현상을 말해주는 것이다.

오늘은 우주다
그 안에 수많은 사람들 수많은 동물들 수많은 물고기들 수많은 꽃들 수많은 곤충들 수많은 나무들 수많은 풀들 등 수많은 생명들이 살고 있다

그 안에 수많은 공기들 수많은 바람들 수많은 구름들 수많은 빗방울들 수많은 눈보라들 수많은 빛깔들 수많은 냄새들 등 수많은 존재들이 살고 있다

해가 저물 때면 화심 위로 꽃잎을 접는
꽃들을 바라보지만
그 안에는 온 세상이 들어 있다

해가 뜨기 직전 해가 넘어가기 직전의 하늘
오늘의 다채로운 아름다움을 보여주지만
오늘의 무한한 완성들을 나는 알 수가 없다

무엇을 위하여 우리들은 시간을 보내고
또 걷고 쉬려고 하는 것일까

살아 있는 동안
선을 행할 모든 기회를 만들어야 한다

가장 낮은 사랑으로 가득 찬 우아한 희생의 길
그 길을 걸으며 휴식하는 기쁨을 누리련다
오늘은

-「오늘은 우주다」 전문

나는 우주다. 그동안 내가 걸어온 발걸음 수는 과히 우주적이다. 나는 우주다. 그동안 내가 먹은 밥알의 수는 과히 우주적이다. 나는 우주다. 그동안 내 입에서 떨어져 나간 단어들의 수는 과히 우주적이다. 그동안 내가 잘라낸 머리카락의 길이며, 나와 스쳐 지나간 사람의 숫자며, 내가 오늘에 있기까지 거쳐온 조상님들의 수고와 발걸음은 과히 우주적이다. 내가 날마다 만난 하늘의 공간은 얼마나 우주적인가? 내가 왼발 오른발 바꿔가며 디뎌온 지구의 개수는 몇 개일까? 고로 나는 우주다. 그런데 윤영미 시인은 오늘을 우주라 말한다. 그 말에도 나는 격하게 공감한다. 윤영미 시인은 '오늘이라는 우주 안'에는 "수많은 사람들 수많은 동물들 수많은 물고기들 수많은 꽃들 수많은 곤충들 수많은 나무들 수많은 풀들 등 수많은 생명들이 살고 있다."고 말한다. '오늘이라는 우주 안'에는 "수많은 공기들 수많은 바람들 수많은 구름들 수많은 빗방울들 수많은 눈보라들 수많은 빛깔들 수많은 냄새들 수많은 현상들이 살고 있다"고 말한다. 우리는 늘 한 개의 태양과 한 개의 달을 보며 살아왔다. 그리고 밤하늘의 무수한 별을 보면서 태양계에 살고 있음을 감사했다. 그런데 우주공간에는 무수한 태양이 존재한다고 한다. 우리가 현대 과학으로 그곳을 가보지 못했을 뿐, 지구처럼 생명이 사는 별도 무수히 많고, 태양처럼 수백억 년 타고 있는 또 다른 태양계가 무수히 많이 있다는 것이다. 그래서 외계인이 출몰한다는 말과 다른 행성에는 외계인이 산다는 말은 설득력을 얻는다. 그 형상이 ET처럼 목이 길고 머리가 없으며 주름이 늘어진 형상일는지는 모르지만, 아무튼 외계인이 또 다른 행성에 존재한다는 것을 나는 확신한다. 이 세상에는 눈으로 보고도 풀리지 않은 신비가 무수히 많다. 어떻게 인터넷이란 현상을 풀이할 수 있을까? 무선인터넷으로 지구촌 모든 곳을 볼 수 있고, 말과 영상이 날아와 나와 마주한다. 그 작은 메모리카드에 수십 기가의 용량이 있어 책 수천 권을 넣을 수 있다니……. 나는 어떻게 돌가루로 만든 음반에 음악을 넣고, 그것을 바늘로 읽어 노래가 재생되는지, 그 이치를 레코드판이 사용되던 시대에도 깨닫지 못했고, 사라진 지 오래되었건만 아직도 모른다. 그 모든 이치들이 오늘이라는 하루 안에 들어있고, 오늘은 어제로 밀려가고 내일을 재생산한다. 오늘이라는 우주, 그 안에 우리는 살고 있다.

바람개비가 쉴 새 없이 돌고 있다
무한한 횟수의 반복
몸짓 하나에 견딜 수 없는
책임의 짐을 더 맡아야 하는 주어진 생명

가벼운 것은 아름다운 것일까
묵직한 것은 진정 끔찍한 것일까
가벼움의 존재는 무엇의 의미일까
자유롭다 못해 무의미해질

공기보다 가벼운 존재

그러나 세상은 일부러 돌리지 않아도
모든 것이 돌아간다는 사실

밤과 낮이 돌고
아이가 어른이 돼 돌고
싹이 꽃이 되고 열매가 되는 순환
긍정과 부정은 부질없는 판단이다

바람이 있어야 바람개비가 돌 듯
도는 것과 돌리는 것의 차이는 없다

돌리는 것과 도는 것
어느 쪽이 긍정적이고
어느 쪽이 부정적이란 말인가

-「모순」 전문

모순(矛盾)은 서로 이치에 맞지 않은 말을 나타낼 때 쓰는 말이다. 모순은 창과 방패라는 뜻으로 한비자에 나오는 이야기는 다음과 같다. 중국 초나라에 무기를 파는 상인이 있었다. 그 상인은 자신의 창을 들어 보이며 그 어떤 방패도 뚫을 수 있는 창이라고 선전했다. 그리고 자신의 방패를 들어 보이며 그 어떤 창도 막아낼 수 있는 방패라고 선전했다. 그러자 그 모습을 본 명나라왕 신하중 한 명이 상인에게 "당신이 그 어떤 방패도 다 뚫을 수 있다고 선전하는 창으로 그 어떤 창도 막아낼 수 있다고 선전하는 방패를 찌르면 어떻게 됩니까?"하고 질문을 던지자 상인은 아무 대답도 하지 못했다고 『한비자(韓非子)』 「난(亂) 1」 편에 전한다. 그 상인의 말처럼 이 세상에 그 어떤 방패도 뚫지 못하는 창은 없다. 창이라는 것은 사람이 들고 싸워야 하는 무기이기 때문에 그 중량에는 제한이 있을 것이다. 방패도 마찬가지다. 방패라는 것은 사람이 들고 싸워야 하는 무기이기 때문에 그 중량에는 제한이 있을 것이다. 그래서 못 뚫을 무기도 못 막을 무기도 없다. 그런데 그 무기 장사꾼은 창과 방패 모두가 최고의 성능을 지녔다고 자랑한다. 이 세상에 최고는 없다. 서로의 조화만 있을 뿐이다. 어떤 학생이 8명이 달리는 100m달리기 경주에서 1등을 하였다고 하자. 그는 달리기에서 1등을 하였을 뿐, 다른 분야의 최고는 아니다. 달리기에서 8등을 한 학생은 또 다른 분야에서 최고가 될 수 있다. 덩치가 큰 사람과 왜소한 사람이 싸운다면, 누구를 편들 것인가? 계모와 딸이 싸운다면 누구를 편들 것인가? 보통의 사람들은 힘이 약한 사람의 편을 든다거나 딸의 편을 든다. 그런데 그렇게 판단하면 문제가 생긴다. 힘 약한 사람이 도둑이거나 딸이 계모를 모함했을 수 있다. 보이는 것만으로 판단해서는 안 된다. 진실의 편에 서야 한다. 모래가 있어야 시멘트를 섞어 바람이 안 들어올 수 있는 집을 지을 수 있고, 바위가 있어야 담장을 쌓을 수 있다. 바위가 옳으냐 모래가 옳으냐의 판단은 유보하자. 모두 유익한 자재이기 때문이다. 엄마가 엄마의 일인 밥 짓기와 빨래를 도맡아 해야 한다는 것과 남자가 돈을 벌면 됐지 무슨 가사일을 하느냐 같은 고리타분한 말은 이제 우리 곁을 사라졌지만, 과거 봉건사회에서는 남자가 부엌에 들어오면 고추가 떨어진다며 어머니들은 남자아이를 밖으로 내몰았던 시절이 있었다. 그러나 요즘은 요리하는 남자가 대세다. 부엌은 없어지고 거실이란 공간에 싱크대가 있어서 남자가 부엌을 벗어나기란 쉽지 않다. 인간이기 때문에 아무 나무나 베어 불을 때도 괜찮고 물고기나 청둥오리를 잡아먹어도 괜찮다는 말은 이제 설득력을 잃었다. 환경이 피폐해지면 인간은 질병에 노출되기 때문이다. 윤영미 시인의 시 「모순」은 바람개비를 소재로 하고 있다. 여기에서 바람개비는 돌아야 한다는 명제는 모순이다. 바람개비는 돌지 않고 서 있어도 바람개비다. 바람이 불어야 바람개비가 돈다는 것 또한 모순이다. 동력으로 돌리는 바람개비도 있다. 선풍기는 동력으로 바람을 일으킨다. 바람개비는 눈에 보이는 보통명사이고, 바람은 눈에 보이지 않는 추상명사이다. 바람개비는 앞에 바람이라는 접두사를 달고 태어났지만, 바람을 일으키거나 바람따라 돌아야 한다는 숙명을 가지지 않는다.

이상에서처럼 윤영미 시인의 시 몇 수를 읽어보면서

그의 정신세계를 여행해보았다. 뉴욕에서 임마누엘 수양관 청솔쉼터 문학마을을 운영하고 있는 윤영미 시인의 시는 자연은 인간이 아무렇게나 해도 되는 대상이 아니라 함께 살아가야 하는 공생의 공간이며, 그녀의 시는 기독교의 '박애' 정신을 바탕으로 다양한 분야에 관심을 두고 깊이 사유하고 있다. 그 사유는 인간의 정체성을 회복하고 미국 한인사회와의 유기적 관계 형성을 도모한다.

이처럼 훌륭한 시집을 출판하게 된 윤영미 시인께 축하의 말씀을 전한다.

윤영미 제2시집

초벌그림 論

초판발행일 2023년 9월 15일

지은이 : 윤영미
발행인 : 김순진
편집장 : 전하라
디자인 : 김초롱
펴낸곳 : 도서출판 문학공원
등 록 : 2004년 3월 9일 제6-706호
주 소 : (우편번호 03382) 서울 은평구 통일로 633
녹번오피스텔 501호 스토리문학사
전 화 : 02-2234-1666
팩 스 : 02-2236-1666
홈페이지 : http://www.munhakpark.com
이메일 : 4615562@hanmail.net

※ 책값은 뒤표지에 있습니다.